Liebe Eltern,

wir wollen Ihr Kind beim Lesenlernen unterstützen, und zwar mit Geschichten, die Spaß machen.

Unsere Bücher mit dem liebenswerten Leselöwen begleiten Ihr Kind durch die 2. Klasse. Sie enthalten drei bis vier Geschichten zu einem spannenden Thema, mit einfachen Sätzen und gut lesbarer Schrift. Viele bunte Bilder sorgen für Lesepausen und helfen, die Geschichten zu verstehen. Mit den Aufgaben zum Text kann Ihr Kind selbst prüfen, ob es den Text richtig verstanden hat. Zu den markierten Wörtern warten am Ende des Buches spannende Fakten und in unserem Onlineportal finden Sie viele weitere Extras!

So wird Ihr Sohn oder Ihre Tochter zum echten Leselöwen!

Ihr
Leselöwe

Jetzt geht es los!

Karen Christine Angermayer

Pferdegeschichten

Illustriert von Dominik Rupp

www.leseloewen.de

ISBN 978-3-7432-0038-8
1. Auflage 2018
© 2018 Loewe Verlag GmbH, Bindlach
Umschlag- und Innenillustrationen: Dominik Rupp
Umschlaggestaltung: Michael Dietrich
Vignetten Leselöwe: Angelika Stubner
Printed in Poland

www.loewe-verlag.de

Inhalt

Von wegen Babykram! 8
Saras größter Wunsch 28
Ein wertvoller Tipp 39

Von wegen Babykram!

Emilia liebt Pferde über alles.
Ihr großer Bruder Ben
spielt lieber am Computer.
„Babykram" nennt er es,
wenn Emilia vom Reiten erzählt.

Heute hat Emilia Geburtstag.
Die große Torte hat die Form
eines Hufeisens.
„Babykram", sagt Ben wieder.
Beleidigt streckt ihm Emilia
die Zunge heraus:
„Brauchst ja nichts davon zu essen!"

Emilia möchte, dass Bens Sticheleien aufhören.
Gemeinsam mit ihrer Mama heckt sie etwas aus.
Am nächsten Tag ist Reitstunde.
Ben muss mitfahren, da er später noch Schlagzeug hat.

Im Stall trifft Emilia Tim.

Sie flüstert mit dem Stalljungen.

Kurz darauf fragt Tim Ben:

„Hilfst du mir bei Rudi in der **Box**?"

Widerwillig trottet Ben ihm nach.

Tim zeigt Ben, wie man
die Hufe richtig säubert.
Drei Hufe macht er ihm vor.
„Ich muss mal schnell etwas holen.
Machst du den vierten?",
fragt er Ben.

Tim geht.

Emilia schlüpft heimlich
in die leere Box nebenan.

Durch einen Spalt sieht sie Ben.

Rudi ist ein freundliches Pferd,
doch Emilia fällt auf,
dass Ben etwas ängstlich ist.

Als Rudi ihn mit der Nase
anstupst, macht Ben erschrocken
einen Schritt zurück.
Emilia hält den Atem an.
Wird Ben es schaffen,
Rudi den Huf zu säubern?

Ben beugt sich zu
Rudis Bein hinunter.
Rudi dreht den Kopf zu ihm.
Verspielt schnappt er mit seinen
Lippen nach Bens Jacke.

„He, lass das!", ruft Ben.
Emilia grinst und schaut
weiter gespannt zu.
Ben streckt ganz langsam
seine Hand aus.

Diesmal bleibt Rudi ruhig.
Er lässt sich von Ben streicheln
und schnaubt leise und wohlig.
Seine braunen Augen glänzen.

„Ich mache dir jetzt den Huf
sauber, ja?", sagt Ben,
und es klingt, als wolle
er sich selbst damit beruhigen.

Als er sich gerade wieder zu
Rudis Vorderhuf hinunterbeugen
will, stupst ihn Rudi neckisch
mit der Nase am Po.
Ben stolpert nach vorn
wie ein Clown im Zirkus.

Emilia prustet los.

Ben schaut sich um.

Er kann Emilia nicht sehen.

„Ben, wir müssen los!"

Die Mutter schaut in Rudis Box.

„Pst, leise", zischt Ben ihr zu.
Zu Rudi sagt er entschlossen:
„Los, wir schaffen das jetzt!"
Er klopft an Rudis Bein.
Rudi hebt gehorsam den Huf.
Ben beginnt mit dem Kratzen.

„Das machst du gut!", lobt ihn Tim,
der wenig später wiederkommt.
„Weißt du, warum Rudi Rudi heißt?"
Ben schüttelt den Kopf.
„Rudi ist ein Rappe:
schwarzes Fell, schwarze Mähne.
R wie Rappe und Rudi", erklärt Tim.

„Felina in der Box nebenan
ist ein Fuchs", fährt Tim fort.
„Ihr Fell ist rotbraun.
Bengalo da drüben ist ein Brauner:
braunes Fell, braune Mähne.
Und das hier ist unser Alexander."

„Ein **Apfelschimmel**?", rät Ben.
Tim hebt zustimmend den Daumen.
Ben grinst.
Emilia kommt aus ihrem Versteck.
„Du bist ja voll der Pferdeprofi!"
Sie lacht.

Dann will Mama los.

„Schlagzeug fängt gleich an!"

Ben zögert, er tätschelt Rudis Stirn.

„Kann ich mal wieder mitkommen?"

Emilia grinst:

„Also doch kein Babykram?"

Emilia und ihre Mutter
zwinkern sich zu.
„Nee, doch kein Babykram.
Ist ziemlich cool hier.
Und wisst ihr, warum Rudi Rudi heißt?",
fragt Ben voller Eifer.

Emilia lacht: „Ich weiß es!
Und ich weiß auch, warum du Ben heißt."
Sie wartet einen Moment.
„Weil du mein Bruder bist!"
Alle drei lachen.

Saras größter Wunsch

Saras Lieblingsplatz ist die Koppel.
Dort steht Gilbert, ein **Islandpony**
mit sandfarbenem Fell.
Sara könnte jeden Nachmittag
bei Gilbert verbringen.

Aber Saras Mutter will,
dass sie mehr Mathe übt
und öfter auf ihre kleine Schwester
Lena aufpasst.
„Nie bist du da, wenn ich dich brauche!",
meint Saras Mutter.

Sara ist trotzdem
in jeder freien Minute bei Gilbert.
Eines Tages benimmt sich
Gilbert komisch.
Er steht ganz still auf der Weide
und grast nicht.

Nicht mal der frische Apfel,
den Sara dabeihat,
kann ihn herbeilocken.
Was ist bloß mit Gilbert los?

Frau Reiser, der Gilbert gehört,
will gerade in die Stadt fahren.
„Gilbert geht es nicht gut!",
ruft Sara atemlos.
Sie ist so schnell gerannt,
wie sie konnte.

„Das war höchste Eisenbahn",
sagt der Tierarzt, der zum Glück
gleich kommen konnte.
Er hat Gilbert gründlich untersucht.
„Wenig später wäre es eine
ausgewachsene **Kolik** geworden."

„Sara hat Gilbert gerettet",
sagt Frau Reiser abends
zu Saras Mama.
„Eine Kolik ist sehr schmerzhaft
und kann gefährlich werden."

Saras Mama streicht ihrer Tochter
anerkennend über den Kopf.
„Du warst ja genau da,
wo du gebraucht wurdest!"

„Ich sehe dich oft hier.
Würdest du Gilbert gern reiten?",
fragt Frau Reiser.
Das würde Sara zu gern!
Doch sie weiß auch, dass ihre Mama
das wahrscheinlich nicht erlaubt.
Reitstunden sind teuer.

„Du könntest mir dafür ein bisschen im Stall helfen", sagt Frau Reiser. Sara schaut ihre Mama flehend an. „Bitte, bitte, darf ich?"

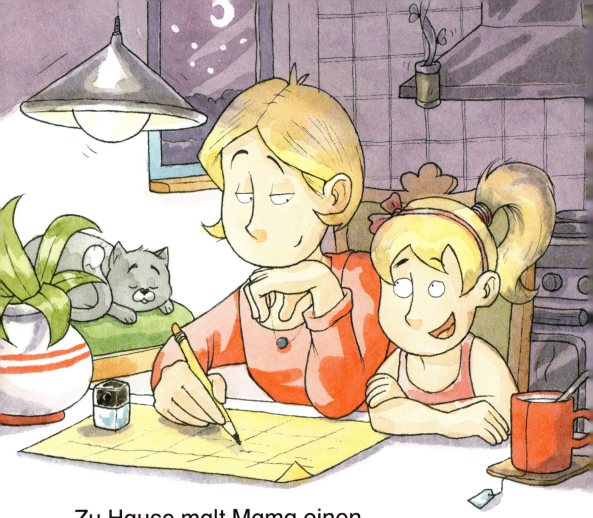

Zu Hause malt Mama einen
Wochenplan auf ein Stück Papier.
„Mathe" schreibt sie in zwei Felder,
„Mit Lena spielen" in zwei andere.
In zwei weitere Kästchen schreibt
sie „Stallhilfe" und „Reitstunde".
Sara strahlt: „Perfekter Plan!"

Ein wertvoller Tipp

Luisa freut sich auf die Reitstunde.
Heute darf sie galoppieren!
Reitlehrer Jansen holt ein
langes Seil.

Er befestigt das Seil
an der Trense von Haflinger Maxi.
Luisa weiß, wie man das Seil nennt:
die Longe.
Mit der Longe kann Herr Jansen
Maxi im Kreis herumführen.

Luisa streicht Maxi über den Hals.
„Wir schaffen das, oder?"
Maxi schnaubt leise und reibt
seine Nüstern an Luisas Hand.
Sie sind weich wie Samt.

Dann schwingt Luisa sich in
den Sattel.
Herr Jansen führt sie und Maxi
in die Mitte der Reithalle.

Am Rand galoppieren drei ältere Mädchen.
Ob Luisa das jemals so gut können wird wie sie?

Herr Jansen scheint ihre Gedanken
zu lesen.
„Übung macht den Meister!",
ruft er ihr ermutigend zu.

Luisa spürt plötzlich,
wie aufgeregt sie ist.
„Halt die **Zügel** etwas kürzer",
rät ihr Herr Jansen.
„Aber nicht daran reißen.
Das mögen die Pferde nicht."

Beim Galopp ist es wichtig,
dass der Po fest im Sattel bleibt.
Das weiß Luisa aus einem Pferdebuch.
Hoffentlich bekommt sie es hin!

Zunächst lässt Luisa Maxi traben.
Dann gibt sie ihm das Signal
zum Galopp:
Sie drückt die Schenkel gegen
Maxis Bauch und treibt ihn an.

Maxi galoppiert sofort an.
Huch, ist das schnell!
Luisas Po rutscht im Sattel
hin und her.
Plötzlich verliert sie auch noch
einen Steigbügel!

Hilfe suchend schaut sie zu
Herrn Jansen hinüber.
„Keine Angst", beruhigt er sie.
„Brrrrrr, Maxi."
Maxi verfällt in ruhigen Schritt.

Herr Jansen kramt in seiner
Hosentasche und zieht einen
5-Euro-Schein hervor.
„Po hoch", sagt er zu Luisa.
Sie gehorcht.
Herr Jansen legt den Schein
auf den Sattel: „Po runter!"

„Der Schein darf beim Galopp
nicht wegfliegen – alter Reitertrick."
Herr Jansen zwinkert Luisa zu.
Er lässt Maxi zwei Runden traben.
Dann probiert Luisa noch mal
den Galopp.

Tatsächlich: Mit dem Schein
unterm Po bleibt Luisa viel ruhiger
im Sattel und kann den Bewegungen
von Maxi sehr gut folgen.
So macht Galoppieren Spaß!

Nach der Stunde will sie Herrn
Jansen den Schein wiedergeben.
Doch der schüttelt den Kopf.
„Dafür kaufst du Karotten für Maxi
und ein Eis für dich!"
„Echt?" Luisa strahlt und freut sich
schon auf den nächsten Galopp.

Fragen und Antworten

1. **Wie nennt Ben Emilias Reitstunden? Trage die fehlenden Buchstaben ein.**

BAB___K___AM

Antwort: Babykram

2. **Welche Form hat Emilias Geburtstagstorte? Kreise ein.**

Antwort: Hufeisen

3. **Was sagt Emilia zu Ben? Kreuze an.**

Du bist ja voll der …

☐ Pferdeprofi!
☐ Pferdenarr!
☐ Pferdedepp!

Antwort: Pferdeprofi

4. **Was ist Saras Lieblingsplatz? Kreise das richtige Wort ein.**

WEIDEKOPPELSTALLREITHALLE

Antwort: Koppel

5. **Was hat Sara für Gilbert dabei?**

Antwort: Apfel

6. **Welche Krankheit hat Gilbert? Bringe die Buchstaben in die richtige Reihenfolge.**

KLOIK

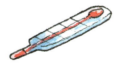

Antwort: Kolik

Fragen und Antworten

7. **Warum freut Luisa sich besonders auf diese Reitstunde? Kreuze an.**

Sie darf …

☐ traben.
☐ galoppieren.
☐ springen.

Antwort: galoppieren

8. **Zu welcher Rasse gehört das Pferd Maxi? Bringe die Silben in die richtige Reihenfolge.**

GER   LIN   HAF

Antwort: Haflinger

9. Herr Jensen legt einen Schein auf den Sattel. Wie viele Euro sind es? Rechne aus und kreuze an.

15-5= _____   10-5= _____   10+5= _____

Antwort: 10-5=5

10. Finde die drei Wörter aus den Geschichten im Buchstabengitter.

V	S	A	L	T	E
G	A	L	O	P	P
O	T	N	N	O	I
F	T	I	G	R	K
R	E	L	E	T	N
A	L	F	E	G	M

Antwort: Galopp, Longe, Sattel

Schon gewusst?

Box (Seite 11):

Die Abteile in einem Stall nennt man Boxen. Je größer das Pferd ist, desto größer muss auch die Box sein. Die Pferde sollten sich riechen und sehen können, deshalb sind die Wände zwischen den Boxen meistens nicht so hoch.

Apfelschimmel (Seite 24):

Alle weißen Pferde nennt man Schimmel. Es ist egal, zu welcher Rasse sie gehören. Die meisten von ihnen haben als Fohlen eine andere Fellfarbe, die mit der Zeit heller wird. Der Apfelschimmel hat Halbkreise aus dunklerem Fell.

Islandpony (Seite 28):

Islandponys sind nach ihrer Heimat Island benannt. Sie sind sehr kräftig. Neben Schritt, Trab und Galopp haben sie noch zwei weitere Gangarten: Tölt und Pass.

Kolik (Seite 33):

Koliken nennt man alle Magen- und Darmkrankheiten bei Pferden. Das Pferd hat also Bauchweh. Das ist schmerzhaft und kann auch gefährlich für das Pferd werden. Deshalb sollte man bei einer Kolik immer sofort einen Tierarzt rufen, so wie Sara in der Geschichte.

Zügel (Seite 45):

Mit den Zügeln lenkt man das Pferd. Deshalb sagt man auch, dass jemand „die Zügel in der Hand hat", wenn er die Kontrolle über etwas hat.

Blättere schnell um und trage die roten Buchstaben in der richtigen Reihenfolge in die Kästchen ein!

Karen Christine Angermayer wurde 1975 geboren und hat Diplom-Photoingenieurwesen studiert. Seit 2000 arbeitet sie als Autorin, Autorencoach und als Verlegerin.
Sie lebt am Bodensee und in Rheinhessen.

Dominik Rupp, Jahrgang 1989, studierte Design mit dem Schwerpunkt Illustration an der Fachhochschule Münster. Bereits während des Studiums arbeitete er für zahlreiche renommierte Verlage. Heute ist er freischaffender Illustrator und lebt in Aachen.

Das Leselöwen-Lösungswort

Besuche den Leselöwen auf
www.leseloewen.de und trage
die farbigen Buchstaben
von der Seite *Schon gewusst?*
in der richtigen Reihenfolge
in die magische Box ein.

Wenn du das Lösungswort
gefunden hast, kommst du
auf die geheime Seite mit vielen
weiteren Spielen und Rätseln!

Der Leselöwe freut sich auf dich!

Jetzt online!

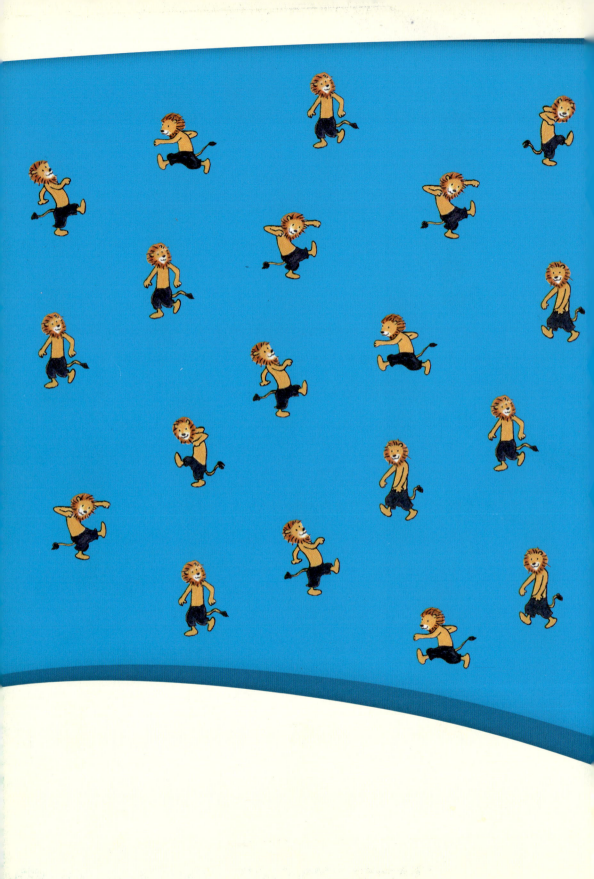